L'ABBÉ
HENRI LESEUR

DIACRE DE SAINT-SULPICE

PAR

A. RICHE

PRÊTRE DE SAINT-SULPICE

PARIS

E. PLON ET Cⁱᵉ, IMPRIMEURS-ÉDITEURS

10, RUE GARANCIÈRE

—

MDCCCLXXXI

Tous droits réservés.

L'ABBÉ

HENRI LESEUR

PARIS TYPOGRAPHIE DE E. PLON ET Cie. RUE GARANCIÈRE

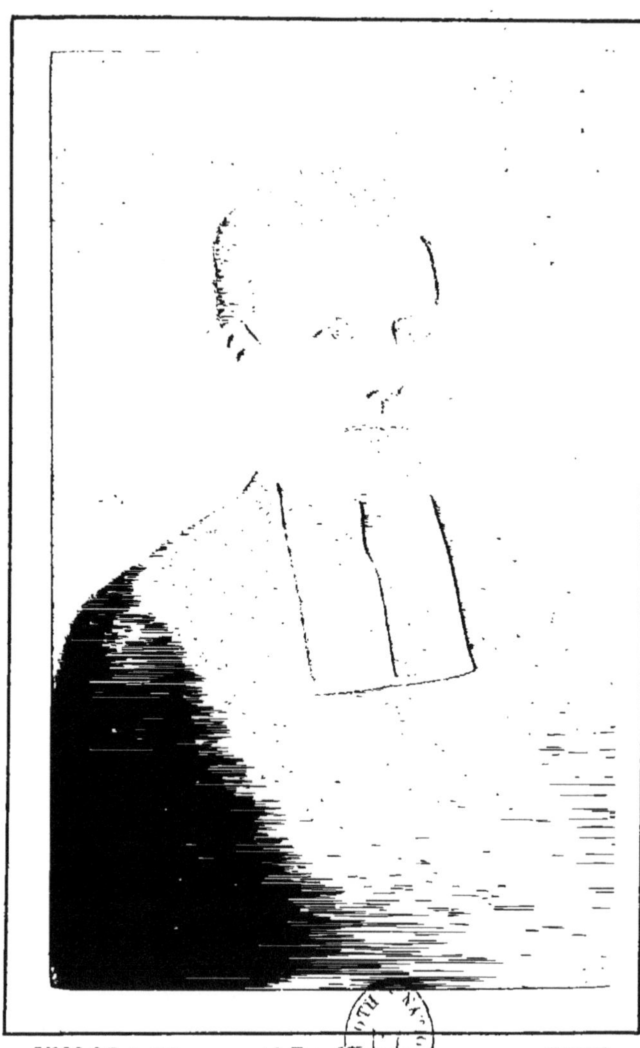

CHALOT & Cie   18, Rue Vivienne   PARIS.

L'ABBÉ

HENRI LESEUR

DIACRE DE SAINT-SULPICE

PAR

A. RICHE

PRÊTRE DE SAINT-SULPICE

PARIS

E. PLON et Cⁱᵉ, IMPRIMEURS-ÉDITEURS

10, RUE GARANCIÈRE

—

M DCCC LXXXI

Tous droits réservés

PRÉFACE

Il n'y a rien d'héroïque, rien d'éclatant dans les pages qui suivent : pourquoi donc en avoir fait un livre?...

Oui, c'est vrai, tout est simple et modeste dans cette vie. Mais il y a là, cependant, une physionomie si douce, un cœur si bon, un caractère si ferme, une piété si franche, que l'ensemble de ces qualités devient vraiment un enseignement et un modèle. Et, si ce modèle *et cet enseignement sont de nature à faire du bien, pourquoi donc les laisser sous le boisseau?*

Pour rester, quant à la forme, dans le caractère du sujet, il n'y avait point à se mettre en frais de recherches ni d'imagination. Avec les souvenirs encore récents dans la mémoire des témoins, il y avait des écrits, des lettres surtout, qui permettaient de retracer très-fidèlement les faits de cette courte vie; et les vertus qui s'en dégagent tout naturellement n'ont besoin que d'un simple exposé.

A défaut d'éclat dans cette existence, il y a du moins une variété qui n'est pas sans quelque charme. Il a été collégien, soldat, étudiant en droit, attaché à une grande administration, et finalement séminariste, ce jeune homme que Dieu a rappelé à lui avant l'âge de vingt-huit ans ; et, dans chacun de ces états, on peut le dire, il a donné l'exemple des vertus qui lui sont propres. Que faut-il de plus pour justifier ces pages qui lui sont consacrées ?

Alors même que cet écrit ne devrait être qu'une simple consolation pour les parents de M. l'abbé Leseur, ils en seraient assurément bien dignes dans leur chrétienne douleur. Mais ceux qui ont été les maîtres, les condisciples ou les amis de ce pieux séminariste ont eux-mêmes désiré ce souvenir ; c'est donc aussi tout particulièrement à eux qu'il s'adresse. Enfin, d'autres encore, nous l'espérons, y trouveront un encouragement à la vraie piété ; et c'est ainsi

que le jeune diacre de Saint - Sulpice
continuera, après la mort, le bien qu'il
a fait en passant sur la terre.

Paris, septembre 1881.

CHAPITRE PREMIER.

PREMIÈRES ANNÉES DE L'ABBÉ LESEUR.
— BROYES. — LE COLLÉGE DE SÉZANNE. —
LA PREMIÈRE COMMUNION

C'EST dans une petite ville de la Marne, à Sézanne, que naquit Henri Leseur. Le 27 mai 1853, en lui ouvrant les portes de la vie, Dieu décréta qu'il ne la conserverait pas vingt-huit années sur la terre. Issu d'une famille aussi chrétienne qu'honorable, le nouveau-né ne pouvait pas rester longtemps privé de la grâce du baptême :

peu de temps après sa naissance, sa mère le recevait des mains de l'Église, comme l'enfant de Dieu et l'ange du foyer. Ce n'était point à Sézanne que se trouvait ce foyer domestique. Le père de Henri était notaire dans une campagne voisine, à Broyes; et c'est là que l'enfant passa ses premières années.

Nous verrons, plus tard, des vertus de jeunesse, dont la pratique et l'habitude durent lui coûter des sacrifices; mais, dans sa plus tendre enfance, c'est Dieu qu'il faut bénir de celles qu'il fit germer sitôt en son âme. Ajoutons seulement qu'elles étaient cultivées par des parents qui secondaient de leurs leçons et de leurs exemples les ménagements paternels de la divine Providence.

« Lorsque Dieu forma les entrailles et

le cœur de l'homme, dit Bossuet, il y mit premièrement la bonté. » Or, on peut affirmer qu'il le fit tout particulièrement pour Henri Leseur. Dès ses premières années, on remarquait en lui les plus tendres germes des qualités et des vertus qui devaient faire le fond de son caractère : une grande sensibilité, une délicatesse exquise, une générosité touchante, une douceur sans mollesse, la bonté enfin, sous la forme d'une abnégation qui ne connaissait pas l'égoïsme. On aurait dit que le petit Henri avait déjà entendu la parole du divin Maître : « Si quelqu'un veut venir après moi, qu'il commence d'abord par se renoncer soi-même. »

L'enfant n'avait encore que cinq ans, lorsqu'il fut atteint d'une forte coqueluche, que sa bonne mère soignait, en venant souvent, pendant la nuit, lui prodiguer sa sollicitude. Henri en était triste et tout préoccupé; il lui disait tous ses regrets de la peine qu'elle se donnait pour lui; et il insistait pour qu'elle allât se reposer. Une abnégation si rare, dans un enfant de cet âge, gagnait les sympathies de ceux qui en étaient les témoins; et ses parents surtout en éprouvaient une joie mêlée d'admiration.

Et, toutefois, il ne faut pas demander à l'enfant le mieux doué dans la précocité de la vertu un équilibre constant entre le bien et le mal : Henri, lui aussi, avait donc ses petits écarts; mais, dès qu'il avait compris la peine qu'on pouvait en ressentir autour de lui, il devenait malheureux, il pleurait des larmes

du cœur; et il ne pouvait se consoler
que lorsqu'il avait obtenu son pardon et
qu'il en avait reçu l'assurance par les
paroles et les baisers de ses parents. Il
lui arrivait quelquefois de supplier sa
mère d'essuyer elle-même les larmes de
son repentir.

« Il est bien meilleur de donner que
de recevoir », disait Notre-Seigneur Jésus-Christ. Oui, mais il semble que cette
satisfaction ne s'accorde pas facilement
avec l'égoïsme naturel au premier âge.
Cependant, pour Henri Leseur, c'était
déjà une des joies les plus douces de son
cœur. Il avait à peine six ans, lorsqu'il
fut conduit pour la première fois à Reims
par ses parents. A l'étalage de toutes
les nouveautés qui se voient dans les
grandes villes, les enfants, le plus sou-

vent, voudraient de tout pour la satisfaction de leurs petits caprices. Henri,
lui, voulait aussi beaucoup de choses,
mais c'était pour les autres, pour ses
parents surtout. « Plus tard, disait-il
un jour, je serai notaire à Broyes,
comme papa, mais alors, on fera de
notre grande maison une belle habita-
tio npour lui et pour maman; et moi, je
logerai dans ce qui restera, près d'eux. »
Ce n'était là qu'une parole d'enfant;
mais elle était l'expression d'une vertu
qui ne fera que grandir avec l'âge.

Henri n'avait que sept ans, en 1860,
lorsque ses parents durent l'envoyer au
collége de Sézanne. C'était bien tôt pour
un enfant qui aimait tant sa famille et
qui en était si tendrement aimé; mais la
naissance d'un frère qui prenait tous les

instants de sa mère rendit cette mesure nécessaire. D'ailleurs, l'enfant ne fut pas astreint d'abord à la règle commune, il partageait avec les deux enfants du principal la vie de famille; et, de plus, M. Leseur avait à Sézanne deux sœurs qui devaient continuer autant que possible au petit collégien les tendresses du foyer paternel. C'est dans ces relations fréquentes avec ses tantes que Henri sentit naître en son cœur une reconnaissance presque filiale: ces dames devinrent plus que des tantes pour lui; bientôt il va les appeler ses mères; et c'est le nom qu'il leur conservera toute sa vie.

Ici se place un trait touchant, cité par M. le curé-archiprêtre de Sézanne aux obsèques du cher défunt. Un jour qu'il rencontra dans les corridors du collège

une domestique prête à manger un mor-
ceau de pain qui paraissait bien dur :
« — Tenez, lui dit l'enfant, voici le mien;
il est plus tendre : j'ai de bonnes dents,
moi. » Henri n'avait alors que sept ans.
Sans doute Celui qui ne laisse pas sans
récompense un verre d'eau donné à un
pauvre en son nom, répondit par quelque grâce nouvelle à cette bonne action.

Avec ses camarades aussi, Henri trouvait souvent le moyen de pratiquer la
générosité. Il n'avait guère pour cela que
les petites friandises qui lui venaient de
ses parents; mais c'était un si grand
plaisir pour lui de les partager! Il était
aimé sans jalousie de tous ses petits camarades.

Henri Leseur n'était pas seulement
doué des qualités du cœur; de bonne

heure, il laissa voir que celles de l'intelligence ne lui manquaient pas. Et comme d'ailleurs il était studieux, naturellement il obtint des succès dans le cours de ses études. A Sézanne déjà, son travail fut couronné dès sa première année; mais là encore son instinct délicat se manifesta gracieusement : au lieu de garder pour lui les petits trophées de ses victoires d'enfant, il alla les déposer au cimetière sur la tombe de sa grand'mère.

Henri ne passa que trois années au collége de Sézanne. A dix ans, en 1863, on l'envoya au lycée de Reims. Ses parents prenaient déjà confiance dans son caractère et dans le sentiment qu'il avait du devoir. D'ailleurs, l'enfant devait trouver à Reims, comme à Sézanne, des sollicitudes de famille qui le suivraient de près; et il y avait alors au lycée un aumônier, **M.** l'abbé Loupot, sur lequel on pouvait se reposer, en ce qui concernait l'instruction et les pratiques religieuses qui devaient être la base de son éducation. Comme au collége de Sézanne, le jeune lycéen gagna bien vite l'affection de ses maîtres et les sympathies de ses camarades. Les vertus de son enfance allaient bientôt s'épanouir, en devenant le charme et le fruit de sa jeunesse.

Une de ses principales préoccupations fut alors de se préparer à sa première communion. Sous la paternelle direction de l'aumônier, il se disposa à ce grand acte avec tout le zèle et toute la bonne volonté que l'on pouvait attendre d'un enfant de onze ans; et ce fut avec édification pour tous ceux qui en furent les témoins, pour sa famille surtout, qu'il fit sa première communion, et qu'il reçut le sacrement de confirmation.

A la mort de Henri Leseur, M. l'abbé Loupot, devenu chanoine titulaire, était gravement malade et privé de l'usage de la parole. Lorsqu'on lui annonça la perte presque subite du jeune séminariste, le bon prêtre en fut ému jusqu'aux larmes et aux sanglots : ces sanglots et ces larmes suffisent pour faire apprécier ce qu'avait été autrefois celui qui en était l'objet.

La veille de sa première communion, les bonnes tantes de Sézanne se trouvaient près de leur cher Henri. Il leur dit alors le bonheur qu'il aurait le lendemain, après avoir reçu le bon Dieu, d'appliquer à l'âme de sa grand'mère l'indulgence plénière qu'il espérait obtenir. Ses tantes furent émues aux larmes du sentiment avec lequel il s'exprimait; et elles crurent voir déjà, dans cette pieuse délicatesse, les premiers germes d'une vocation qui le donnerait tout particulièrement au service des âmes.

Ce fut vers cette époque aussi qu'une grave maladie, faite au lycée, permit d'apprécier la patience et la douceur qui faisaient le charme de son caractère. Mais c'était surtout dans ses rapports avec ses camarades que ses qualités se manifestaient. Plus tard, en se fortifiant avec les années, elles devaient être un attrait qui lui gagnerait les cœurs, pour les rendre meilleurs.

C'est encore Bossuet qui l'a dit : « La vraie marque de l'innocence conservée

ou recouvrée, c'est la douceur. » Or,
à cette mesure, on peut le supposer,
c'était une âme bien innocente que celle
de Henri Leseur : « Heureux ceux qui
ont le cœur pur, car ils verront Dieu! »

CHAPITRE DEUXIÈME.

LE LYCÉE DE REIMS. — LES SUCCÈS
DE HENRI LESEUR.

Henri Leseur était au lycée de Reims depuis plusieurs années, lorsque son jeune frère Eugène vint l'y rejoindre. Ici semble cesser sa vie d'enfant, pour faire place à la vie du jeune homme. Alors, en effet, Henri prend, vis-à-vis de son frère surtout, une attitude qui n'est plus de l'enfance. On sent quelque chose de paternel, de maternel, pourrait-on dire, dans le cœur du premier pour le second. En 1872, lorsque son frère Eugène était élève de septième, voici, sur Henri Leseur, l'appréciation de M. Lalande, alors proviseur du lycée :

« Ce qui m'a touché au fond du cœur, je dois le dire, c'est l'affection et le dévouement dont Henri a fait preuve à l'égard de son frère. Quoiqu'il eût fort à faire pour lui-même, dans sa préparation au baccalauréat, il s'occupait de ce jeune frère comme un père de son fils, s'oubliant lui-même pour le suivre dans sa conduite et son travail avec une sollicitude paternelle. Ce n'était pas assez pour lui de le voir le jeudi et le dimanche aux heures réglementaires ; il m'avait demandé l'autorisation de lui donner des leçons particulières aux heures de récréation et pendant l'étude du soir, et, une fois cette autorisation obtenue, il s'acquittait de cette tâche volontaire avec la régularité et les scrupules d'un répétiteur en titre.

« Les leçons se donnaient habituellement sous la voûte du pavillon que j'habitais. Que de fois je les ai surpris, Henri dans la chaire, Eugène debout à côté de lui, ou bien assis en face, l'un professant et corrigeant avec un soin et une patience !... l'autre expliquant les auteurs, lisant ses devoirs, et récitant ses leçons, avec quelle indifférence souvent !... Et, quand approchait le moment du concours de récitation, l'aîné ne manquait pas de faire réciter à son frère toutes les parties du concours. Si Eugène a obtenu de si beaux succès dans sa classe de septième, c'est à son frère et à ses soins assidus qu'il le doit, en grande partie.

« A l'époque de la première communion d'Eugène, Henri l'a préparé aussi à ce grand acte, lui faisant apprendre et réciter son catéchisme, comme ses autres leçons. Et, quand il avait le malheur d'être puni pour sa dissipation ou sa négligence, Henri, toujours si bon et si dévoué, prenait avec lui un air sévère, et ne lui ménageait pas des reproches justement mérités. J'ai été dans le secret de ces petits incidents quotidiens; j'intervenais même de temps en temps; et, chaque fois qu'il m'arrivait d'en être témoin, je me retirais émerveillé de ce que j'avais vu et entendu. »

Un autre témoin des vertus de Henri

fut **M.** l'abbé Déglaire, alors aumônier du lycée de Reims, et maintenant curé-archiprêtre de la cathédrale. Or, voici ce qu'il répondait aux renseignements qui lui avaient été demandés, après la mort du jeune séminariste :

« J'ai connu, grâce à Dieu, plus d'un jeune homme pieux; mais la piété ne leur enlevait pas mille petits défauts de caractère. Pour Henri Leseur, il ne montrait aucun côté défectueux. Il était intelligent, gai, docile, charitable; il avait toutes les qualités, et ne faisait étalage d'aucune : ce qui lui valut de ne porter ombrage à personne, et d'être l'ami de tous ses camarades, *sans excep- tion.*

« Ce cher enfant menait, à l'extérieur, la vie la plus égale; sa physionomie ouverte, souriante, révélait aussi une âme toujours calme. Une fois, cependant, je l'ai vu se troubler, ce placide chrétien; je l'ai vu pleurer et se tourmenter. Il s'était constitué le catéchiste de son jeune frère, qu'il préparait à la première communion; sa foi lui rendait cette tâche tout à fait pénible; il ne voyait que la grandeur du Dieu qui allait se donner; et il était malheureux en songeant à la faiblesse de celui qui allait le recevoir. J'ai eu de la peine à le rassurer; mais je n'ai jamais eu à le consoler que dans **cette** circonstance.

« Après la mort prématurée de ce cher abbé, qui réunissait à un si haut degré les qualités d'un apôtre : la foi, le zèle et la charité, j'ai rencontré plusieurs de ses anciens camarades, qui n'ont pu apprendre la triste nouvelle sans verser de véritables larmes. Un jeune docteur me disait : « C'était le meilleur et le plus « aimable de tous nos camarades. » Un autre, de sentiments et d'opinions tout à fait contraires, le déclarait le plus complet et le plus parfait de tous ceux qu'il avait fréquentés jusqu'alors. »

En résumé, ajoute son ancien proviseur, « c'était un élève irréprochable. Jamais, en quatre ans, il n'a manqué une seule fois d'être inscrit au tableau d'honneur. »

Dans les tristes années de 1871 et de 1872, l'occupation prussienne ne permettait plus aux élèves du lycée d'y rentrer comme internes; on se contenta de leur faire des cours, qu'ils suivaient comme externes. Pendant ces deux années, Henri fut accueilli par son oncle, avocat à Reims, et il retrouva, dans une famille honorable et chrétienne, les conseils et les exemples qu'il avait eu le bonheur de recevoir jusqu'alors, et qui ne firent que l'affermir dans ses heureuses dispositions. Voici comment elles étaient alors appréciées par son oncle :

« Ce qui nous a toujours singulièrement édifiés pendant ces années, c'est le sentiment du devoir, poussé chez Henri jusqu'au dernier point, et sans se démentir jamais. Il avait, d'ailleurs, une douceur et une égalité d'humeur surprenantes dans un jeune homme. Jamais une impatience, jamais un mot contre le prochain : au contraire, il avait une charité qui lui faisait toujours trouver une excuse pour ceux dont la conduite

était devant lui l'objet de quelque cri-
tique. Il a été constamment, près de
nous, la représentation de la bonté
même dans sa plus parfaite expression.
Un jour que sa tante l'avait accompagné
à un office de la cathédrale, et qu'elle
avait été touchée de sa pieuse attitude :
« — Henri, lui dit-elle en revenant, je
« ne m'étonnerais pas de te voir prêtre. —
« Oh! ma tante, lui répondit-il, je n'en
« serai jamais digne. »

En attendant, il travaillait avec ardeur à compléter ses études, et ses efforts
étaient couronnés de pleins succès. La
dernière année fut particulièrement glo-
rieuse pour lui. Avec le prix d'inscrip-
tion permanente au tableau d'honneur,
il obtint deux prix dans sa classe de ma-
thématiques, un grand prix de nouvelle

fondation, le prix Rouget-Liénard, le prix d'instruction religieuse, et le second accessit d'histoire et de géographie au concours académique. Si l'on joint à ces résultats la double palme du baccalauréat ès lettres et du baccalauréat ès sciences, il paraît difficile de demander davantage.

Et cependant, ajoute son proviseur, « ce ne sont pas tous ces succès qui m'ont donné le plus de satisfaction. Ce que j'aimais surtout chez Henri, c'était l'égalité d'âme, la simplicité du caractère; ce naturel exquis, cette aménité parfaite dont il ne se départait jamais, et qui le faisait aimer de tous. »

CHAPITRE TROISIÈME.

I

LES premiers linéaments de la vocation ecclésiastique se manifestèrent
de bonne heure chez Henri Leseur.
Avant même que ses tantes en eussent
soupçonné l'existence à Sézanne et à
Reims, son père et sa mère auraient pu
la pressentir à la piété avec laquelle il
accomplissait ses devoirs religieux de-

puis sa plus tendre enfance. Mais Dieu
lui-même n'avait-il pas devancé tous ces
pronostics ? Lorsqu'il l'avait doué, à sa
naissance, des dons les plus privilégiés
de l'esprit et du cœur, n'était-ce pas un
lévite qu'il se préparait pour l'édification
du séminaire de Saint-Sulpice ? Il y avait
alors, à l'étude de son père, un jeune
clerc qui portait, lui aussi, les germes
de la même vocation ; et Dieu permit que
ces deux âmes se rencontrassent pour
s'encourager mutuellement. Cependant
il y avait un grand obstacle à la réalisa-
tion des désirs du clerc : il ne possédait
pas toutes les ressources nécessaires aux
frais de si longues études. Henri entre-
prit de résoudre cette difficulté. Lui-
même, il alla trouver le supérieur du
séminaire, lui exposa la situation, et

offrit de contribuer à la bonne œuvre,
en donnant tout ce qu'il pourrait de ses
économies. Le supérieur fut si touché
de cette générosité, qu'il accepta le protégé de Henri. Aujourd'hui que Dieu
a rappelé à lui le diacre de Saint-
Sulpice, le jeune clerc de son père con-
tinue sa vocation dans le diocèse de
Châlons.

Ce fut aux vacances qui suivirent sa
dernière année de lycée que Henri fit part
à ses parents, pour la première fois, de
son désir d'entrer au séminaire; et ce fut
à sa mère qu'il en fit l'ouverture : « Il
me semble, lui dit-il, que le bon Dieu
m'appelle à son service; je voudrais m'y
consacrer, et je vous le demande à vous
et à mon père : y consentirez-vous? »
La mère ne répondit que par des em-

brassements et par des larmes auxquelles Henri mêla les siennes. Le soir, la pensée qu'il avait contristé sa mère par cet épanchement de son âme le rendit malheureux, et il ne put trouver de repos qu'après lui en avoir exprimé tous ses regrets.

Chrétiens et prudents comme ils l'étaient, les parents de Henri jugèrent la question trop grave pour y répondre sans délai. Pour le père surtout, auquel il était bien permis de penser à se faire un successeur de son fils, il était naturel qu'il y eût quelque hésitation et des regrets. On répondit donc à Henri qu'il faudrait ajourner la solution de cette question, et qu'en attendant il devrait commencer par faire ses études de droit. Le jeune homme s'inclina devant cette décision; et il fut convenu qu'il suivrait, dès la rentrée, les cours de la Faculté de Paris.

Dans les premiers jours de novembre 1872, Henri Leseur prenait donc ses premières inscriptions. Nous avons vu les appréciations de son oncle de Reims sur le séjour qu'il avait fait chez lui dans le cours des deux années précédentes; maintenant, il est touchant de constater celles du jeune étudiant, dans une lettre qu'il lui écrivait au mois de décembre de la même année. Il lui demande pardon de ce qu'il appelle ses mouvements d'humeur, ses entêtements dans ses opinions, et de son mauvais caractère. « Je connais trop votre bon cœur, ajoute-t-il, pour ne pas être assuré que vous me pardonnerez tous, n'est-ce pas ? Maintenant, je tâche de me corriger le plus possible; mais il faut bien du temps! »

Cette lettre révèle dans Henri Leseur une des vertus fondamentales, mais les plus difficiles du christianisme, l'humilité. Nous la retrouvons dans toutes les phases de sa vie.

Avec les idées qu'il nourrissait, il dut lui en coûter de se mettre à l'étude du droit pour plusieurs années; mais cette obligation se présentait à lui sous la forme d'un devoir filial; et, dès lors, il en prit généreusement son parti.

A son arrivée à Paris, Henri apprit bientôt du prêtre auquel il donna sa confiance ce qu'il avait à faire pour se préserver des dangers de la capitale, et pour profiter des avantages qu'elle procure aux jeunes étudiants de bonne volonté.

Loin de la famille qu'il aimait tant, et dont il ne se séparait jamais sans un déchirement de cœur, il lui fallait, avant tout, une image de cette famille : un père, des frères, des amis qu'il pourrait aimer, et dont il serait aimé lui-même. Il fit bientôt connaissance avec cette nouvelle et précieuse famille.

Ce fut d'abord au Cercle catholique du Luxembourg qu'il fut présenté; et il y fut accueilli paternellement par son digne président, M. Beluze. Ce qu'il faut, avant tout, à des jeunes gens, ce sont des personnes et des choses qui leur soient sympathiques : or, on peut le dire, ces conditions ne leur manquent pas au Cercle du Luxembourg. Des distractions et des divertissements conformes à leur âge et à leurs goûts leur sont offerts sous des formes variées. Les ressources d'agrément et d'utilité sont également mises à leur disposition; et l'ensemble des jeunes étudiants qui sont inscrits et qui prennent part à ces réunions laisse à chacun d'eux la possibilité et la facilité de former de bonnes et sûres amitiés.

Le dimanche, les étudiants du Cercle aiment à se rendre à la chapelle de Notre-Dame des Étudiants, dans l'église Saint-Sulpice. Là, ils assistent à la sainte messe, et ils entendent une instruction qui leur est faite par le prêtre chargé de la direction de cette œuvre. Les jours de grandes fêtes, la réunion a ses solennités, et les communions nombreuses y sont d'une grande édification.

Ce n'est pas tout. Dans cet immense

Paris, si brillant à la surface, il y a de nombreuses et profondes misères : c'est un grand enseignement pour les jeunes gens chrétiens de se trouver de temps en temps à leur contact. D'abord, ils ont l'occasion de contracter l'habitude de soulager ceux qui souffrent ; et puis, ils apprennent à se montrer reconnaissants envers Dieu, qui leur a épargné de pareilles infortunes. Dans cette pensée, des Conférences de Saint-Vincent de Paul s'offrent au choix des jeunes gens dans le quartier des étudiants ; et les meilleurs d'entre eux ne manquent pas d'en faire partie.

Dès son arrivée à Paris, et d'après les avis qui lui avaient été donnés, Henri Leseur s'empressa de s'enrôler dans ces aimables et vertueuses milices, non pas avec l'impétuosité de ceux qui entreprennent tout, pour ne rien terminer, mais avec la résolution de faire peu, et bien. Il aurait pu présenter les plus honorables recommandations; mais il n'en avait pas besoin; il lui suffisait de se montrer : son âme, qui brillait dans son regard et qui s'épanouissait sur ses traits, parlait assez en sa faveur.

Dans les commencements de ses fréquentations au Cercle catholique, à Notre-Dame des Étudiants, et à la Conférence de Notre-Dame des Écoles, Henri Leseur profita avec avidité de tous les avantages que lui offraient ces réunions; mais bientôt il y devint lui-même un modèle de régularité, de zèle, de modestie et de charité. Ceux qui l'ont vu à l'œuvre ne l'oublieront pas.

C'était un bonheur pour Henri de faire connaître à ses parents jusqu'aux moindres détails de sa vie à Paris; il aimait surtout à leur faire partager toutes les joies qu'il trouvait dans le milieu qu'il s'était choisi; et, comme ces joies étaient pures, chacune de ses lettres exhale un parfum de vertu. Heureux parents, qui peuvent ainsi compter, à distance, sur la vertu de leurs fils!

Avec le sentiment du devoir tel que Henri le concevait, il n'est pas difficile de se figurer quelle devait être sa vie d'étudiant. D'abord il donnait à ses études de Droit tout le temps qu'elles réclamaient, soutenu au travail par la double impulsion de la volonté de Dieu, et du désir de répondre aux sacrifices que ses parents s'imposaient pour lui.

Au Cercle catholique, on le voyait assidu
à toutes les réunions dont il pouvait profiter ; et là, dit un de ses amis, « il était
bien le plus modeste et le plus vraiment
simple de tous les étudiants. Malgré sa
réserve, on devinait bien vite les trésors
de charité et de dévouement que renfer-
mait son cœur ; et il reçut plus d'une
fois des confidences auxquelles il répondait déjà en faisant beaucoup de bien. »

Pour Henri Leseur, la journée du
dimanche était presque exclusivement
réservée aux pratiques de la religion et à
l'exercice de la charité. Dès huit heures
du matin, il était à sa Conférence de
Saint-Vincent de Paul. A neuf heures,
on était sûr de le voir un des premiers, à
sa place, dans la chapelle des étudiants ;
et on le comptait au nombre de ceux qui

donnaient l'édification d'une fréquente communion. Après son déjeuner, il allait ordinairement porter les secours de la Conférence dans un des quartiers excentriques de Paris les plus déshérités, à la Butte aux Cailles. Il n'y a que Dieu qui sache tout le bien qu'il a fait, pendant trois ans, dans ces visites charitables. Dieu seul sait aussi tous les fruits et toutes les bénédictions qu'il en rempor-tait pour lui-même. Un jour, cependant, sa modestie fut obligée de révéler quelque chose de tout ce bien caché. A l'assemblée générale de sa Conférence, il fut chargé du rapport annuel sur les travaux et la situation de l'Œuvre; et il le fit avec une délicatesse, une élévation, un charme qui émerveillèrent ses auditeurs. Alors, ceux qui ne connaissaient pas ses projets devinèrent qu'une âme comme la sienne ne serait à son aise que dans la carrière du dévouement; et ceux qui avaient été les confidents de ses aspirations se confirmèrent dans la pensée que Henri Leseur pourrait faire un grand bien dans les rangs du clergé.

Au terme de sa première année de Droit, ce fut pour Henri une grande joie d'annoncer à ses parents le résultat de son examen. « Réjouissez-vous! leur écrivait-il, *lætamini* : je suis reçu avec trois blanches! » Et il raconte, jusque dans les moindres détails, les péripéties et les émotions de cette première épreuve à l'École de Droit. « Maintenant, ajoute-t-il, il ne me reste plus qu'à rendre des actions de grâces au bon Dieu, qui m'a encore singulièrement protégé cette fois. Dès le

matin, j'avais pu me rendre à Notre-
Dame des Victoires, et y entendre la
sainte messe. »

II

Après un examen si honorable, les
vacances furent douces pour Henri au
foyer d'une famille qui lui était si chère !
Cependant, il y avait pour lui une grave
préoccupation : à la fin de ses vacances,
il était décidé qu'il devrait commencer
son année de volontariat. L'examen préa-
lable n'était pas une question pour lui ;
il en était dispensé par ses diplômes de
bachelier ès lettres et de bachelier ès
sciences. Mais dans quelle ville, dans
quelle arme, dans quel régiment allait-il
se trouver ? Ce n'était que pour un an ;
mais un an, c'est beaucoup pour un

jeune homme qui n'est soldat *volontaire* que par obligation. Enfin, il obtint de n'être pas trop éloigné du pays natal; et c'est à Givet qu'il entra comme engagé au 18ᵉ régiment de ligne.

Quelle que soit l'idée que l'on se forme du volontariat comme institution militaire, il est certain que c'est une épreuve tout particulièrement antipathique pour le plus grand nombre de ceux qui s'y trouvent engagés. Le milieu intellectuel et moral de la caserne, la sévérité des règlements, la rigueur des punitions, les difficultés des manœuvres et des marches font un ensemble de vie naturellement rebutant pour ceux qui n'y sont astreints que par nécessité. Alors, naturellement aussi, le volontaire est tenté de chercher des compensations malsaines aux épreuves de cette vie ; et, s'il n'est pas soutenu par le souvenir de la famille, par les habitudes d'une bonne éducation, et surtout par les principes et les pratiques de la religion, il est bien à craindre qu'il n'en revienne moins bon dans la vie qu'il doit reprendre. Il n'en fut pas ainsi pour Henri Leseur. Dans une vie si peu conforme à ses goûts, il avait su remplir ses devoirs de soldat, et demeurer bon chrétien. Ses camarades l'estimaient, respectaient ses convictions, et ne pouvaient se défendre d'une sympathie qui les gagnait à leur insu. En sa présence, il n'était pas permis de s'oublier dans des entretiens blessants pour la religion ou pour les mœurs. Un jour qu'une conversation scabreuse semblait vouloir s'engager pour le mettre à l'épreuve : « Assez! cria un soldat avec autorité; c'est un vrai, celui-là! taisons-nous! »

Voici en quels termes M. Guérin, curé-doyen de Givet, résume ses impressions et ses appréciations sur le volontariat de Henri Leseur :

« Pendant l'année qu'il a passée à Givet, j'ai été à même d'apprécier ses belles et rares qualités. Il aimait à venir passer au presbytère ses moments de liberté; et, de mon côté, j'étais toujours très-heureux de le recevoir. Il était aussi instruit que modeste, et j'aimais à le présenter comme modèle à ses camarades; car il menait une conduite exemplaire. Il faisait aimer la religion à ceux-là mêmes qui n'avaient pas le courage de la pratiquer. Pourquoi? c'est que sa piété douce, sincère, éclairée, gagnait les esprits et les cœurs de ceux qui l'approchaient. Je ne l'ai pas revu depuis son entrée au séminaire de Saint-Sulpice ; mais je suis convaincu qu'il a toujours été un bon séminariste et qu'il eût fait un excellent prêtre. En le perdant, ses parents viennent de perdre un bon fils ; et la religion, un jeune homme qui, dans le saint ministère, aurait fait sa consolation. »

Dès le mois de mai 1874, c'est-à-dire, sept mois seulement après son entrée au régiment, Henri Leseur recevait de ses chefs un témoignage de la satisfaction qu'il donnait comme soldat : il recevait les galons de caporal. Plus tard, à l'occasion d'un autre succès dans un examen de Droit passé au mois de mai, il se rap-

pellera ces galons, et il attribuera à la
protection de la Très-Sainte Vierge ces
résultats de son travail, de son intelligence, de sa bonne conduite et de sa
piété.

III

Le volontariat terminé, Henri Leseur
vint se retremper, pendant quelques semaines seulement, au foyer de la famille;
puis il revint à Paris, pour y continuer
ses études de Droit. Ce fut avec bonheur
qu'il reprit toutes ses habitudes d'étudiant chrétien et toujours vraiment
exemplaire. Généralement, on revient
du volontariat meilleur, ou moins bon :
incontestablement Henri en était revenu
excellent, après des épreuves qui n'a-
vaient fait que le fortifier dans la vertu.

Au mois de mai 1875, c'était « le cœur plein de joie, et l'âme pleine de reconnaissance envers le bon Dieu », qu'il annonçait à ses parents l'heureux résultat de son second examen de Droit. « Ce n'est pas une brillante victoire, ajoutait-il modestement ; mais c'est encore une victoire assez honorable pour ne pas en rougir. J'ai eu un jury composé d'examinateurs bienveillants, qui m'a accordé deux blanches et deux rouges. Cela ne vaut pas l'éloge d'il y a deux ans ; mais enfin, mes études rapides, un peu hâtées, et mon propre savoir ne me permettaient pas d'espérer mieux. Remerciez donc le bon Dieu avec moi de cette nouvelle faveur. »

Le troisième examen suivit de très-près le second ; car c'est le 23 juillet 1875 que Henri faisait connaître à ses parents son nouveau succès. Il reçut alors les mêmes notes qu'à son examen précédent : deux blanches et deux rouges : « Résultat sans éclat, écrivait-il, mais honnête cependant. Le soir, je suis allé remercier la Sainte Vierge à Notre-Dame des Victoires, où j'avais entendu le matin la sainte messe. »

Après ces examens, Henri se réjouissait d'aller se reposer au sein de sa famille; mais, partout et toujours, sa grande préoccupation était celle de sa vocation. Dans les premiers jours de novembre, il revint à Paris pour terminer son Droit; et ce fut le 9 février de l'année suivante qu'il soutint heureusement sa thèse de licence et qu'il reçut son titre d'avocat.

Malgré les aspirations qui le portaient

alors plus que jamais vers le séminaire,
Henri Leseur reconnut que le moment
n'était pas encore venu de leur donner
satisfaction, dans le courant d'une année
scolaire. Son père lui exprima le désir
de le voir entrer aux bureaux du conten-
tieux de la Caisse des Dépôts et Consignations; et, quelques mois après, reçu
le premier dans un examen qui comptait
bon nombre de concurrents, il prenait
place dans cette administration. Là,
comme partout ailleurs, Henri conquit
bien vite l'estime et l'affection de ses collègues. L'un d'eux raconte qu'il reçut sa
visite un jour que le médecin venait de
le quitter, après lui avoir fait une inci-
sion à la jambe. Henri lui demanda s'il
souffrait beaucoup. — « Ce n'est qu'une
piqûre d'épingle », répondit le malade,

en lui montrant un crucifix. — « A ces mots, ajoute le patient, Henri m'embrassa avec effusion, tant le sentiment religieux était vif en lui ! »

Avec ses grades, son mérite, et la bienveillance de ses chefs, Henri Leseur aurait pu se promettre une belle position d'avenir dans les bureaux de la Caisse des Dépôts et Consignations; mais il était toujours travaillé par la vocation qui l'attirait vers les ordres sacrés. Ses parents comprirent leur devoir; toutes les épreuves avaient été faites, et il fut décidé que Henri entrerait dans les premiers jours d'octobre 1877 au séminaire d'Issy.

CHAPITRE QUATRIÈME.

LE SÉMINAIRE D'ISSY.

Un des plus délicieux séjours, pour un jeune homme appelé à l'état ecclésiastique, c'est assurément le séminaire d'Issy. La réunion des élèves, venant pour la plupart des différents diocèses de France, et dont un certain nombre avait déjà rang dans le monde ; les beaux ombrages des jardins et du parc ; les chapelles, — la sainte chapelle de Lorette surtout, — avec leurs pieux et chers souvenirs; le voisinage de la Solitude, noviciat des Sulpiciens; les traditions et les usages de la maison, tout contribue à donner à l'ensemble de ceux qui l'habitent je ne sais quelle physionomie qu'on ne trouve que là. C'est bien vraiment la maison du bon Dieu!

En 1878, lorsque Henri Leseur eut décidé son entrée dans ce pieux asile, il y avait longtemps déjà qu'il en nourrissait le désir devant Dieu. Cinq ans auparavant, le 15 juillet 1873, à l'occasion de la fête de son père, après lui avoir exprimé, comme il le faisait chaque année, sa gratitude et sa tendresse, il ajoutait : « Que la pensée du chemin que je dois suivre dans quelque temps ne vienne pas vous attrister : il serait si consolant pour moi de songer que non-seulement vous ne

mettez pas obstacle à ma vocation, mais,
au contraire, que vous m'y encouragez !
Je sais que le ministère du prêtre n'est
pas exempt d'épreuves, qu'on y ren-
contre même de grandes difficultés ; mais
je sais aussi ce que Dieu promet, en
échange des sacrifices que l'on s'impose
pour lui. Aujourd'hui, voyez-vous, la
grande question est de rendre aux hommes le sentiment de leur dignité, le souvenir de ce qu'ils sont, et de ce qu'ils
seront après la mort : ils l'oublient si
facilement ! Telle est donc la mission à
remplir : grande et belle assurément,
quand on y consacre son temps et sa vie
d'une manière absolue ! Le temps de la
vie est si court, qu'il faut bien en chercher l'emploi le plus utile et le plus noble
en même temps. Si cette tâche n'est pas

au-dessus de mes forces, que Dieu me permette de la prendre avec courage ; je l'en remercierai. Il n'y a guère plus d'une année que cette pensée m'est venue ; mais je la crois vraie, en regardant autour de moi, pour connaître la vocation qui donnerait à mon cœur autant de consolation, et à mon énergie autant d'activité. »

C'est dans ces sentiments que Henri Leseur avait fait son volontariat et les deux années de Droit qui le suivirent à Paris. Au terme de ses études, en 1876, il déclare à ses parents « que le bon Dieu lui a fait réellement connaître ce qu'il voulait de lui. C'est après avoir fait la sainte communion, écrit-il, que j'ai conclu que je dois me consacrer au service de Dieu. J'ai recherché aussi soigneusement que j'ai pu toutes les objections qui semblaient heurter cette détermination : elles ne m'ont pas paru sérieuses. Voilà donc la première question résolue. Quant à celle de mon entrée au séminaire, elle est encore incertaine. En attendant, je m'efforcerai de demeurer fidèle, tant que je resterai dans le monde.

« Ne pensez pas, d'ailleurs, qu'une fois au service de Dieu, mon affection pour vous doive diminuer. Je vous la manifesterai peut-être moins souvent, à cause des occupations plus nombreuses qui pèseront sur moi; mais mon cœur sera toujours celui de votre enfant chéri et dévoué, qui a ressenti vos peines et vos sacrifices, et qui en demandera pour vous à Dieu l'éternelle récompense. »

Cette année, 1876, dans une retraite

spirituelle, Henri Leseur résumait en quelques lignes, devant Dieu, les dispositions de son âme dans la grande question de sa vocation.

« Dois-je être prêtre ? se demandait-il ; et, à cette question, il répondait : Oui, j'espère que la Providence me réserve ce bonheur : 1° Parce que la première pensée de ma vocation ne me semble pas s'être manifestée d'une manière naturelle, mais bien plutôt suggérée par Dieu lui - même. 2° Parce que cette pensée, quoique un peu vague d'abord, m'a cependant suivi depuis bientôt quatre ans, et qu'elle ne m'a pour ainsi dire pas quitté. 3° Parce que je sens profondément qu'en entrant dans la vie sacerdotale, je ferai plus facilement mon salut, et que je travaillerai plus sûrement à la gloire de Dieu. 4° Parce que je sens dans mon cœur le désir arrêté de mener une vie chrétienne et mortifiée. 5° Parce que la vie du prêtre, et surtout de celui qui vit en communauté, étant peu mêlée aux affaires du monde, je pourrai, en l'embrassant, prier davantage pour mes parents, ma famille et mon prochain. 6° Parce que Dieu tiendra compte de mes sacrifices en faveur des miens et pour moi-même. 7° Enfin, parce que, en me plaçant en face de la mort, j'aimerais mieux m'y trouver comme ministre de Dieu, que comme son simple serviteur. »

C'était donc une question définitivement résolue dans la conscience de Henri Leseur; et il ne restait plus pour lui que la question d'opportunité dans l'exécution. Il était alors attaché aux bureaux de la Caisse des Dépôts et Consignations.

Un an plus tard, le 21 juillet 1877, il annonce à ses parents qu'il va faire une retraite à Vaugirard, sous la direction d'un Père Jésuite. Il n'y avait point à revenir sur l'examen de sa vocation; c'était une chose arrêtée. Il n'y avait même plus à savoir quand il devait entrer au séminaire d'Issy; les obstacles qui en avaient retardé l'époque se trouvaient aplanis; et il était décidé qu'il réaliserait enfin son cher projet à la rentrée du mois d'octobre suivant.

« Plus ce moment approche, écrivait-il à sa famille, et plus je remercie Dieu de m'avoir choisi pour cette mission sainte du prêtre; et le sentiment de reconnaissance que j'en éprouve va presque jusqu'à me faire oublier combien je suis peu digne de l'honneur auquel je suis appelé.

« L'amertume que pourra vous causer notre séparation ne sera pas de longue durée; elle sera vite remplacée par cette consolation intime, que vous aurez obéi à un sacrifice nécessaire, et que vous me sentirez dans la voie que Dieu voulait me faire suivre. Vous n'oublierez pas cette parole de l'Évangile : « Quiconque « aura quitté sa maison, son père, sa « mère, ses frères, à cause de mon nom « recevra le centuple ici-bas, et il aura « pour héritage la vie éternelle. »

« N'ayez plus jamais cette pensée qui vient affliger à tort bien des parents, dans l'idée que les rapports d'intimité et d'af-fection se trouvent brisés avec l'enfant qui a suivi une vocation religieuse : non, elle laisse tout entier dans son cœur l'affection et le dévouement filial. En me rendant à l'appel de Dieu, soyez donc bien convaincus qu'il me permettra de vous chérir absolument comme par le passé. »

Il y a quelque chose de si touchant et de si délicat dans la tendresse de Henri Leseur pour ses parents, qu'on ne se lasse pas de le citer sur ce sujet. Voici donc les dernières lignes qu'il écrivait encore le 1er octobre, la veille de son entrée au séminaire d'Issy :

« Allons, j'espère que le bon Dieu, qui m'appelle à la plus belle et à la plus sainte des missions qu'il soit donné de remplir ici-bas, vous donnera, cher papa et chère maman, en retour du sacrifice qu'il vous impose, beaucoup de courage et des consolations abondantes. Ne pleurez plus, mais réjouissez-vous; car vous ne me perdez point, en me laissant suivre ma vocation. Au contraire, dès ce jour, notre affection deviendra plus grande et plus intime encore, s'il est possible. En même temps que je resterai votre enfant, je deviendrai prêtre, c'est-à-dire un ministre de Dieu, à qui l'on confie sûrement ses plus intimes pensées. Priez donc pour moi : je vous le rendrai avec usure. Oui, j'en ai dans mon cœur la conviction : vous voudrez remercier Dieu avec moi de la grâce privilégiée qu'il m'a faite, en m'appelant à son service. Adieu ! »

Le lendemain, Henri Leseur entrait au séminaire d'Issy. Avec les sentiments que nous lui connaissons, s'il n'avait eu souvent à l'esprit le souvenir des regrets qu'il avait laissés dans sa famille, il eût été alors bien doucement satisfait! Le séminaire d'Issy, avec ses avantages, répondait pleinement à ses aspirations : il pouvait désormais jouir de Dieu dans une solitude tempérée par le charme de la plus aimable fraternité. La retraite du commencement de l'année ne pouvait être que facile pour lui : quelques semaines auparavant, il en avait fait une qui avait pleinement résolu la grande question de sa vocation et de son entrée au séminaire. Maintenant donc, il ne lui restait plus qu'à suivre en paix la voie dans laquelle il était entré.

Ce qui fut, cependant, une épreuve pour Henri Leseur, ce fut la philosophie, telle qu'elle est si sagement enseignée au séminaire d'Issy. La méthode scholastique, avec sa langue et sa terminologie, se présente d'abord comme hérissée de difficultés pour les commençants ; et notre jeune séminariste, tout accoutumé qu'il avait été aux études sérieuses par ses trois années de Droit, les ressentit lui-même. Mais il en triompha bientôt par son application; et cette nouvelle année de philosophie le prépara parfaitement à la théologie qu'il devait commencer à Paris l'année suivante.

Malgré sa modestie, Henri Leseur laissa bientôt voir à Issy des qualités qui le firent apprécier, dans ce nouveau séjour, comme il l'avait été partout ailleurs auparavant. Sa douceur, son affabilité, sa charité, sa piété étaient surtout les charmes qu'on recherchait dans sa compagnie. Avec l'esprit de renoncement chrétien qui le caractérisait, il se gardait bien de dire ce qu'il avait fait et ce qu'il avait été dans le monde; mais on finissait par le savoir, et son humilité ne faisait que relever, dans l'esprit des autres, le mérite des vertus et des qualités qu'il s'efforçait de cacher.

C'est encore dans les lettres à ses parents qu'il est possible de suivre alors le travail de la grâce sur l'âme du jeune séminariste.

« La grande nouvelle de cette semaine, écrivait-il au mois de novembre 1877, c'est que j'ai été désigné pour remplir les fonctions d'aide-sacristain à la petite chapelle de Notre-Dame de Toutes-Grâces. En choisissant un autre que moi, peut-être aurait-on mieux fait; car je suis bien *neuf* pour l'arrangement et l'ornementation d'une chapelle, surtout aux jours de grandes fêtes. Mais si je suis un sacristain inhabile et maladroit, je n'en ai pas moins une grande reconnaissance à la Sainte Vierge de m'avoir donné cette bonne occasion de faire quelque chose pour elle. Que de grâces ne puis-je espérer dans un sanctuaire aussi privilégié, où cette bonne Mère se plaît à répandre ses bienfaits! Oh! oui, je la prierai bien pour vous et pour moi; je lui demanderai de verser à pleines mains ses bénédictions sur nous, et de veiller sur nos besoins spirituels et temporels.

« La besogne la plus difficile pour moi, c'est de cirer le parquet. Maman rirait sans doute bien de me voir manier le bâton ou la brosse plus ou moins gauchement ; mais, en toutes choses, avant de passer maître, il faut être apprenti. Je dois donc me résigner à apprendre ce nouveau métier, qui doit contribuer à me fortifier singulièrement les bras. »

En attendant, au mois de mai, lorsqu'arriva la fête de sa mère, Henri cueillit une fleur dans le jardin de Toutes-Grâces, et il se fit un bonheur de l'envoyer à Broyes, avec les souhaits de son cœur d'enfant.

Sept mois après son entrée au séminaire d'Issy, Henri Leseur portait encore son costume laïque, avec toute sa barbe. Il n'y avait plus de doute sur sa vocation, mais c'était prudence de laisser le nouveau séminariste extérieurement libre, dans la forme apparente de sa vie. Enfin, le 25 avril 1878, il annonçait à ses parents qu'il portait la soutane :

« Dimanche dernier, écrivait-il, j'ai été heureux de me voir revêtu du saint habit. Il y a trois semaines, tout en désirant bien vivement prendre la soutane, il me semblait cependant que ce serait un sacrifice pour moi de dire adieu à l'habit laïque; eh bien, non, il n'en a rien été, et je l'ai mis de côté avec une tranquillité parfaite. Depuis ce moment, vous ne sauriez croire la joie que j'éprouve d'être maintenant tout à fait séminariste. Si l'on ressent cette joie seulement à prendre l'habit du prêtre, qu'est-ce donc quand on en reçoit les pouvoirs et la dignité! Oh! Dieu nous ménage toujours des grâces qui dépassent de beaucoup les sacrifices que nous faisons pour lui ! »

Quelques jours après avoir revêtu la soutane, Henri Leseur était informé qu'il serait appelé à la tonsure, à la prochaine ordination. Ce fut pour lui une grande joie dont il fit part tout aussitôt à ses parents. Après cette première ordination, il leur écrivait encore :

« Par mes confrères et par mes directeurs, je savais bien déjà que le jour de la tonsure est un jour bien heureux pour un séminariste ; mais l'idée que je me faisais de ce bonheur était bien loin encore de la réalité. Jusqu'ici, en effet, tout en saluant avec bonheur notre entrée au séminaire, l'Église ne nous regardait pas encore comme ses enfants privilégiés ; aujourd'hui, nous comptons parmi les aspirants au sacerdoce ; et, quoique les engagements que nous avons pris entre les mains de Mgr le Coadjuteur ne soient pas encore irrévocables, c'est une promesse formelle que nous avons faite publiquement de nous donner et de nous consacrer à Dieu. Et comment votre enfant, dont le rêve béni depuis tant d'années était d'appartenir entièrement à Dieu, n'aurait-il pas été heureux de faire ce premier pas dans le sanctuaire ? Jusqu'ici c'était une tolérance de la part de l'Église de nous laisser porter la soutane et le surplis; maintenant c'est un devoir pour nous d'en être revêtus et de nous rendre dignes, par notre vie, de les porter toujours dignement, et, s'il se peut, *saintement*. J'insiste sur ce mot, car c'est la conclusion nécessaire où l'on arrive à

la fin d'une retraite préparatoire à l'ordination : il faut travailler à devenir saint,
à se renoncer soi-même, de manière à
recevoir dans de bonnes dispositions,
quand le jour en sera venu, les saints
Ordres.

« J'ai pris, pour ma part, cette bonne
résolution; mais je sais bien que je l'ou-
blierai vite, si la grâce de Dieu ne l'ac-
compagne en me soutenant. Demandez-la
donc instamment avec moi et pour moi :
Notre-Seigneur ne peut me refuser un
secours si utile et si indispensable. »

En terminant sa lettre, l'abbé Leseur
raconte qu'au sortir de l'ordination, pendant que plusieurs de ses amis se jetaient
dans les bras de leurs parents venus pour
la cérémonie, il vit trois de ses anciens
collègues de la Caisse des Dépôts et Con-

signations accourus, eux aussi, pour prendre part à l'ordination d'un ami qu'ils n'avaient point oublié : le nouveau tonsuré exprime combien il a été touché de cette affectueuse attention.

CHAPITRE CINQUIÈME.

Dans la pensée du saint Concile de Trente, comme dans le sentiment de M. Olier, les avantages du séminaire peuvent se résumer en deux fruits principaux : l'esprit ecclésiastique, et la science ecclésiastique.

L'esprit ecclésiastique d'abord, c'est-à-dire, l'ensemble des vertus sacerdotales qui font d'un homme un prêtre, un digne ministre du sanctuaire, un autre Jésus-Christ.

La science ecclésiastique, c'est-à-dire, une connaissance suffisante de l'Écriture Sainte, de la Théologie dogmatique et morale, du Droit canonique, de la Liturgie et de l'Histoire ecclésiastique.

Les vertus dont l'ensemble est résumé par l'esprit ecclésiastique sont multiples; ce sont comme les matériaux qui doivent servir à l'édifice de la vie sacerdotale; mais on peut dire que la vertu fondamentale sur laquelle doit reposer cet édifice, c'est l'humilité; et que celle qui doit en être le couronnement, c'est la charité. L'humilité à la base, la charité au sommet, voilà comme l'abrégé des vertus sacerdotales; les autres en sont le développement et comme l'épanouissement. L'esprit ecclésiastique qui les résume est la première condition de la vie du prêtre;

et ce doit être aussi la première et la principale application d'un bon séminariste.

La seconde condition est la science ecclésiastique : *Labia sacerdotis custodient scientiam.* Pour lui, d'abord, le prêtre a besoin de la science : elle est nécessaire à la culture de la vérité dans son intelligence; mais elle lui est aussi nécessaire pour le bien des âmes qui lui sont confiées. A notre époque surtout, en face de la fausse science ou d'une science hostile, le prêtre ne peut défendre la Religion sans l'arme de la science.

Quand on se rappelle que certains philosophes de l'antiquité païenne ne se croyaient propres à l'enseignement de la sagesse qu'après de longues années de préparation dans sa pratique, on se demande combien il faudrait d'années à celui qui aspire à la dignité de prêtre de Jésus-Christ.

Et, cependant, il faut tenir compte de la difficulté des temps et des besoins particuliers et plus pressants de l'Église de France. C'est pourquoi la durée des années préparatoires, dans les grands séminaires, ne dépasse guère aujourd'hui quatre ou cinq ans. Évidemment, ce n'est point assez pour se former complétement à l'esprit ecclésiastique et à la science ecclésiastique; ce n'est qu'une initiation; mais on se dit que, les principes étant bien posés, solidement établis au séminaire, les jeunes prêtres en sortiront avec l'amour de la vertu et de la science sacerdotale, et qu'ils continueront à les développer dans la pratique de leur saint ministère. Tel est l'idéal du séminaire.

En parcourant les pieux écrits de l'abbé Leseur, on reconnaît qu'il s'était placé dans cet ordre d'idées. Dès son entrée au séminaire de Paris, à l'occasion de la retraite qui se faisait pour l'ordination de Noël, bien qu'il ne dût point y participer, il partageait les sentiments qui animaient ceux qui devaient en faire partie.

« Mon Dieu, écrivait-il, je tressaille de bonheur et de joie à la pensée de vous appartenir entièrement, et de représenter, parmi les hommes, votre divin Fils Notre-Seigneur. Je partage aussi leurs émotions et leurs craintes, en songeant qu'ils vont contracter de solennels et perpétuels engagements ; mais, comme eux, j'ai confiance dans votre divine bonté, ô mon doux Sauveur ! Comme eux, je vous implore, bonne Mère du ciel, tendre Marie; et je sens mon âme toute rassurée et toute remplie de joie. »

Suivant la pratique de tout bon séminariste, l'abbé Leseur modifia son règlement particulier d'après les exigences de sa vie actuelle au séminaire. Il y insiste surtout sur l'esprit de foi, et sur les motifs surnaturels auxquels doivent se rapporter toutes ses actions. Dans le désir de conserver toujours une grande simplicité, il se défend de ce qu'il appelle les résolutions héroïques, pour rester dans la pratique des vertus ordinaires et facilement applicables. Les considérations qui ont été faites dans les instructions sur le recueillement paraissent l'avoir frappé tout particulièrement; et il prend la résolution d'y demeurer très-

fidèle. Enfin, la voix de Dieu s'est fait
entendre à lui intérieurement, pour lui
demander l'esprit de sacrifice et la morti-
fication; il est pénétré de la nécessité de
cette vertu, et il veut la faire entrer dans
la conduite de sa vie.

C'est dans ces pieuses dispositions que
l'abbé Leseur fut appelé à l'ordination du
mois de décembre 1879, pour y recevoir
les Ordres mineurs.

« Chers et bien-aimés parents, écrivait-
il alors, en dépit de mes ingratitudes et
de mes lâchetés, le bon Dieu vient de
m'accorder encore une grande grâce. J'ai
ressenti de nouveau, dans cette ordination, toute la joie que l'on éprouve à se
sentir en paix avec Dieu, à se donner à
lui sans réserve, à l'aimer, en un mot,
de cet amour qui élève bien au-dessus

des choses de la terre, et qui fait goûter à l'avance les joies de la vraie et bien-aimée patrie. J'étais alors bien à ce qui se faisait en moi ; mon âme se taisait extérieurement et n'était attentive qu'à remercier Dieu de sa miséricordieuse et patiente conduite à mon égard. Je regrettais que vous ne fussiez pas près de moi : mais franchement, je vous l'avoue, alors même que vous y auriez été, je n'aurais pas été, je le crois, distrait par votre présence. J'avais bien demandé à Dieu le recueillement de toute mon âme, et il me l'avait accordé. »

Le 22 mai de l'année suivante, quelques instants seulement avant de participer à l'ordination du sous-diaconat, l'abbé Leseur épanchait son âme dans les termes suivants :

« O Marie, ma bonne Mère, je vais donc me consacrer définitivement à votre divin Fils!... Merci, merci, merci, mon bon Jésus! Oh! comme je me sens indigne d'une telle faveur! Que je suis pauvre et lâche! Et, cependant, vous m'appelez à votre service.

« Je vais avec confiance, ma bonne Mère, parce que je ne m'appuie pas sur moi, mais sur vous. Faites que l'Esprit-Saint forme, et qu'il conserve lui-même en moi la pureté du sous-diaconat jusqu'au dernier souffle de ma vie. Qu'il daigne aussi m'accorder l'esprit de prière et l'esprit de foi, pour réciter toujours avec amour et avec piété le saint Office. Enfin, ô Marie! obtenez pour moi que je sois un bon, un fervent, un saint sous-diacre, pour devenir, plus tard, un prêtre selon le cœur de Dieu, un saint prêtre !

« Sainte Mère de Dieu, je me consacre à vous avec tous mes frères : prenez-nous sous votre puissante et sainte protection ! Je vous le demande, en vous offrant aussi mes bien-aimés parents, mes amis, les chers enfants du catéchisme, la sainte Église et notre chère France ! Saint Joseph, priez pour nous ! »

Six mois plus tard, l'abbé Leseur était appelé au diaconat, à l'ordination qui devait avoir lieu le 18 décembre : « Après cela, écrivait-il, il n'y aura plus d'ordination qui me sépare de la dernière, de celle qui me consacrera prêtre pour toujours ! » Et, comme à l'ordinaire, il demandait et faisait demander des prières, pour obtenir les grâces dont il sentait si vivement le besoin.

« Mon Dieu, écrivait-il encore, la veille de cette ordination qui devait être la dernière pour lui, mon Dieu, faites que, plus régulier dans l'accomplissement de mes devoirs, je m'applique surtout à l'humilité. Si je suis humble, vous serez avec moi, et je recevrai vos grâces avec abondance. Faites aussi que j'aie souvent à la pensée les modèles que vous m'avez donnés : saint Vincent de Paul, M. Olier, et tous ces bons prêtres de Saint-Sulpice qui ont formé des générations de saints prêtres; que je pense souvent à eux et que je les invoque souvent, pour qu'ils me communiquent leur esprit, qui est celui de Notre-Seigneur. »

Une vertu chère à l'abbé Leseur, et que nous ne devons pas oublier ici, c'est la sainte pauvreté : la pauvreté dans ses vêtements, la pauvreté dans tout ce qui était à son usage. Après sa mort, il sera permis à son père et à sa mère de visiter l'humble cellule qu'il occupait au séminaire ; et ils seront émus jusqu'aux larmes de la pauvreté de son ameublement. C'était surtout aux pauvres que revenait le surplus de ce qui ne lui était pas rigoureusement nécessaire.

Pendant que l'abbé Leseur était au séminaire, son jeune frère vint le rejoindre à Paris, pour y faire à son tour ses études de Droit. Jusqu'alors, de loin comme de près, Henri avait toujours été

pour Eugène un ami, un confident, un
conseiller, et comme un protecteur. En
le retrouvant près de lui, avec l'expérience du milieu dans lequel il devait
vivre, il ressentit pour ce jeune frère une
sollicitude encore plus vive. Il com-
mença par le présenter et le recom-
mander à un prêtre qui avait toute sa
confiance; il l'établit ensuite lui-même
dans les conditions d'existence qui avaient
été la sauvegarde de sa propre vertu, et
il le fit entrer dans les associations et les
œuvres charitables auxquelles il avait
pris part avant lui. M. Eugène acceptait
avec pleine confiance les impulsions qui
lui étaient données par son bon et cher
frère; il allait souvent prendre au séminaire ses encouragements et ses avis, et
il se retrempait ainsi dans ces rela-

tions si douces pour les deux frères! Henri était, encore une fois, plus qu'un frère pour Eugène; c'était comme un second père.

CHAPITRE SIXIÈME.

LE CATÉCHISME.

C'EST un usage, dans plusieurs grands séminaires de France, d'envoyer à la principale paroisse de la ville un certain nombre de séminaristes à titre de catéchistes auxiliaires. Il y a là un double profit : d'abord le clergé paroissial se trouve ainsi notablement soulagé dans l'exercice d'un ministère très-laborieux ; mais, en outre, les séminaristes initiés à ce ministère peuvent se former aussi, en profitant de l'expérience des prêtres, à l'art de bien catéchiser les enfants.

Au séminaire de Saint-Sulpice, les élèves chargés de cette fonction se trouvent dans des conditions exceptionnelles. A raison de l'importance de la paroisse et du partage multiplié des catéchismes, le personnel des séminaristes doit y être nombreux. Pour régulariser leur fonctionnement, on les divise, pour chacun des catéchismes, en groupes de cinq ou six, sous la présidence d'un chef qui est l'un d'entre eux; et l'administration générale est confiée par M. le Supérieur de Saint-Sulpice à un professeur du séminaire qui en est le Directeur.

Dans ces conditions, les fonctions de catéchiste deviennent plus importantes, mais aussi plus difficiles et plus délicates:

c'est une sorte de ministère paroissial. Ce qui le rend plus praticable aux jeunes séminaristes, c'est la tradition, les usages et la méthode qui leur sont imposés, qui sont consacrés par l'expérience, et qui assurent, autant que possible, la continuation des fruits qu'ils ont produits depuis si longtemps dans la paroisse de Saint-Sulpice. Un autre avantage de cette organisation, c'est que des séminaristes de tous les diocèses de France étant employés aux catéchismes de Saint-Sulpice, ils rapportent plus tard dans leurs propres paroisses ces traditions et ces usages qu'ils ont pratiqués; ils les appliquent aux milieux dans lesquels ils se trouvent, et c'est ainsi qu'un bon enseignement catéchistique peut se généraliser d'une manière profitable pour tous.

Par ses antécédents, et surtout par ses qualités personnelles, l'abbé Leseur se trouvait naturellement indiqué au choix de M. le Directeur des catéchismes. Il y avait longtemps déjà que le pieux séminariste avait débuté comme catéchiste. Au lycée de Reims, nous l'avons vu préparer son jeune frère à la première communion, et le proviseur nous a dit avec quel zèle, quelle intelligence et quelle conscience il remplissait cette fonction. Au commencement de sa première année de théologie, il fut appelé à s'occuper du catéchisme de première communion des garçons avec cinq autres séminaristes, ayant pour chef M. l'abbé Chesnelong.

A la nouvelle qu'il en reçut, ce fut vers Dieu tout d'abord que Henri Leseur éleva son âme : « Seigneur, s'écrie-t-il dans ses notes personnelles, ne permettez pas que je sois jamais un obstacle à l'action de votre grâce dans l'âme de ces enfants; je ne suis, entre vos mains, qu'un instrument vil, pauvre et méprisable; mais que du moins je sois toujours docile à vos inspirations; oui, toujours, toujours! »

Désigné plus tard pour remplacer le chef de son catéchisme, il en fait part à ses parents en ces termes : « En dépit de mes objections, en dépit de ma médiocrité, me voilà donc chargé de cette fonction. Je me recommande très-instamment à vos bonnes prières, afin de pouvoir remplir le moins mal qu'il me sera possible un ministère dont j'ai la plus haute idée. Qu'ai-je donc fait pour que Dieu me le confie par l'appel de mes supérieurs ? Oh ! que j'ai besoin de m'humilier, de m'oublier moi-même, pour ne plus voir que la grande bonté de Dieu qui veut bien se servir de moi pour une œuvre si sainte ! »

Avec des sentiments d'humilité comme ceux qui animaient l'abbé Leseur, les obstacles qu'il entrevoyait étaient beaucoup moins à redouter. Une pensée le rassurait, d'ailleurs, c'est qu'en acceptant cette charge, il n'avait fait qu'obéir : « après cela, disait-il, il me reste une grande joie ; car j'aime tant l'âme de ces chers enfants ! »

Une autre pensée, cependant, préoccupait encore notre zélé séminariste. Il avait conscience de la nécessité qu'il y avait pour lui de se former avant tout à l'esprit ecclésiastique et à la science ecclésiastique, et il ne se demandait pas sans quelque inquiétude comment il pourrait concilier sa vie de séminariste avec les obligations du catéchisme. Après avoir consulté son directeur à ce sujet, il prit la ferme résolution de faire passer avant tout ses devoirs d'étudiant ecclésiastique, et de ne donner au catéchisme que le temps qui lui resterait après leur accomplissement.

Rassuré de ce côté, l'abbé Leseur s'inquiétait encore des efforts qu'il lui faudrait faire pour conserver le recueillement, dans des occupations qui devaient si souvent le porter au dehors. Or, pour obvier aux difficultés qui pouvaient lui venir à cet endroit, il se persuada vivement de la nécessité d'écarter tout ce qu'il pourrait y avoir d'humain dans ses fonctions de catéchiste. « Non, répétait-il souvent à ses collaborateurs, rien d'humain ! rien d'humain ! C'est une œuvre surnaturelle que la nôtre, et nous ne devons l'oublier jamais ! »

Son esprit de foi le pénétrait d'ailleurs du besoin qu'il avait du secours de Dieu pour bien remplir ses fonctions : dans cette conviction, il priait et il demandait des prières avec les plus vives instances. Devenu chef de son catéchisme, ce n'était plus seulement pour lui qu'il réclamait les prières des âmes pieuses, il demandait que l'on priât aussi pour ses confrères et pour les chers enfants qu'ils étaient chargés de catéchiser.

L'abbé Leseur avait trop le sentiment des convenances et du devoir pour oublier ce qu'il devait aux prêtres de la paroisse, et particulièrement à **M.** le Curé, dans l'exercice de ses fonctions. Lorsqu'il fut nommé chef du catéchisme de semaine, préparatoire à la première communion, dans la situation délicate faite alors aux enfants des écoles communales, il sentit le besoin de prendre les avis de **M.** l'abbé Méritan, curé de Saint-Sulpice. — « Maintenant, écrivait-il à ses parents, je sais à quoi m'en tenir sur ma ligne de conduite, et je sens ma responsabilité bien allégée. C'est alors qu'il est bon de ne pas se sentir seul, mais sous la conduite d'un pasteur éclairé et sage. Quand on est son maître et tout à soi, ce doit être parfois bien lourd et bien embarrassant! Il est vrai que Dieu est toujours là pour nous donner ses grâces dans la proportion du besoin que nous en ressentons. »

Le bon séminariste restait tellement uni à sa famille par sa tendre affection, qu'il ne manquait jamais de lui faire partager ce qui le préoccupait. Aussi, lorsque au mois de février 1881 il fut désigné comme le chef du catéchisme de semaine, il se hâta d'en informer ses parents.

« Me voilà donc chargé de deux catéchismes à la fois, écrivait-il. C'est beaucoup, et ce serait évidemment trop, si je ne me sentais soutenu par un grand attrait pour cette œuvre, avec cette pensée que cet attrait vient du bon Dieu. D'ailleurs, je n'ai rien fait pour obtenir cette charge : j'y suis appelé par mes supérieurs, et c'est là ce qui me donne confiance.

« Cependant demandez pour moi beaucoup d'humilité; car on est bien exposé à en manquer dans des fonctions qui flattent autant l'amour-propre. Demandez aussi l'esprit de prière et de recueillement : si je l'obtiens, tout ira bien.

« Après cela, ne soyez pas trop fiers de me voir appelé à ces fonctions, car je ne le dois qu'à des circonstances tout exceptionnelles : je remplace celui à qui elles revenaient naturellement, et qui n'a pu les accepter pour raison de santé. »

L'abbé Leseur ne se dissimulait pas que ces diverses préoccupations, toutes surnaturelles qu'elles étaient dans sa pensée, l'exposaient cependant à ne plus donner à ses études de séminariste tout le temps qu'il croyait devoir leur consacrer. Au commencement de l'année scolaire 1880 à 1881, il avait fait tous ses efforts pour se faire remplacer comme chef; il aurait voulu rester au second rang, « afin, disait-il, d'avoir un peu plus de temps pour travailler, et d'être un peu moins nul en théologie ». Pour suppléer, autant que possible, à certaines lacunes, il s'était mis particulièrement en rapport avec deux de ses confrères, qui lui répétaient en récréation les leçons de théologie qui n'avaient pas été suffisamment étudiées. Le catéchiste sentait qu'il ne donnerait aux autres que dans la proportion de ce qu'il aurait acquis lui-même. Ses craintes, d'ailleurs, étaient exagérées, car il était en réalité un très-bon élève, et ses notes en étaient la meilleure preuve à tous les examens.

Plus ses occupations se multipliaient, plus l'abbé Leseur demandait à Dieu, dans la prière, l'assistance dont il sentait si vivement le besoin. Loin de vouloir tenter la divine Providence, il préparait d'abord consciencieusement ce qu'il devait enseigner aux autres; il écrivait ses petites instructions et ses avis; mais quand le temps lui manquait absolument, c'est dans la prière qu'il se réfugiait; et l'on a souvent remarqué que les instructions qui lui venaient de là étaient ses meilleures. Il avait pour la très-sainte vierge Marie une dévotion filiale, qu'il pratiquait avec une touchante simplicité et une grande confiance. Il s'adressait à sa Mère du ciel avec quelque chose des sentiments naturels qu'il éprouvait pour sa mère de la terre. Il était bien, sous ce rapport, un véritable disciple de M. Olier.

Les confrères qui partageaient ses travaux dans l'œuvre du catéchisme racontent avec quelle modestie l'abbé Leseur s'excusait de se voir à leur tête : il les suppliait de ne pas lui ménager les critiques auxquelles il pourrait donner lieu, et de lui faire connaître les fautes et les défauts qu'ils auraient remarqués. Avec l'idée qu'il s'était si justement formée du surnaturel qui devait présider à ses fonctions de catéchiste, il mettait de côté tout sentiment personnel pour ne plus voir que l'intérêt des âmes qu'il devait enseigner. Tout ce qu'il a écrit dans cet ordre d'idées respire l'esprit de foi; et ses collaborateurs en étaient si pieusement édifiés qu'ils aimaient à lui rapporter les succès de leur œuvre commune. L'un d'eux écrivait qu'il reconnaissait lui devoir beaucoup dans sa préparation aux ordinations de son sous-diaconat et de son diaconat. « J'ai eu le bonheur, ajoute-t-il, d'avoir entre les mains ce qu'il a écrit pour le catéchisme; et je prie Dieu de ne jamais laisser s'effacer de mon esprit les impressions et l'édification que j'en ai ressenties. »

Dans ses rapports avec les enfants du catéchisme, ses confrères s'accordent à dire qu'il unissait la fermeté à cette douceur qui faisait le fond de son caractère. *Fortiter et suaviter*: c'est le caractère de la sagesse. Quant à ses instructions, elles étaient souvent touchantes; mais il cherchait surtout à les rendre pratiques.

Les qualités de l'abbé Leseur étaient de celles qui ne pouvaient échapper à l'observation des enfants du catéchisme et de leurs parents. On le vit bien, surtout quand il fut nommé chef : les enfants manifestèrent alors spontanément toute leur joie, et les mères partagèrent leur sympathie. Mais ce qui montrait beaucoup mieux encore l'appréciation que l'on faisait de son mérite, c'était l'attention avec laquelle on l'écoutait. Ce dut être là, pour l'abbé Leseur, une bien douce récompense de la peine qu'il prenait pour remplir ses fonctions ! Il aurait donné si volontiers sa vie pour ces chers enfants !

C'était peut-être trop que ces occupations jointes aux préoccupations incessantes de son âme timorée. Vers le milieu du mois de mars, l'abbé Leseur ressentit une grande fatigue : c'était une courbature jointe à un mal de gorge qui le forcèrent de garder la chambre pendant quelques jours. Il lui aurait fallu profiter de cet avertissement pour ralentir son ardeur. Mais, dès qu'il se sentit mieux, il se remit à l'œuvre. Le 1ᵉʳ avril, il dut se surmener à l'occasion de l'examen des enfants de la première communion : ce fut sa dernière sortie. Cette séance extrêmement longue épuisa ses forces : c'est à peine s'il put remonter en se traînant jusqu'à sa chambre. Dans cet état, il lui fallut tout le courage qu'il apportait dans la pratique du devoir, pour descendre un peu plus tard à la classe de théologie : il y souffrit tellement qu'en rentrant dans sa chambre il dut se mettre au lit.

CHAPITRE SEPTIÈME.

Pendant ses dernières vacances, l'abbé Leseur se trouvait à Château-Landon, et il se promenait avec le vicaire de cette paroisse, en lisant la vie du Père Lacordaire, pour lequel il professait une grande admiration. Interrompant tout à coup sa lecture : « Monsieur l'abbé, dit-il au jeune vicaire, avec une santé délicate comme la vôtre, avez-vous été quelquefois sérieusement malade pendant que vous étiez au séminaire ? » Puis il poursuivit : « Je ne sais si vous pensez comme moi, mais il me semble que, pour un séminariste que Dieu voudrait rappeler à lui, ce serait une grande grâce de mourir au séminaire, au milieu de ses condisciples et de ses maîtres vénérés. » Ses tantes de Sézanne rapportent qu'il leur avait fait une semblable réflexion pendant les même vacances... Était-ce un pressentiment ?

Quoi qu'il en soit, le lendemain de l'examen des enfants de la première communion, l'abbé Leseur était gravement malade. Le lundi 4 avril, il eut une crise cérébrale d'une extrême gravité. Lorsque M. le Directeur s'approcha de lui, le malade le reconnut : « Ah! lui dit-il, je viens de passer par des transes horribles! il me semblait que j'étais aux prises avec la mort! Maintenant, j'ai fait mon sacrifice, et, grâces à Dieu, je me sens en paix. »

Cependant l'état du malade s'aggravait notablement : les médecins ne dissimulèrent pas les dangers de la situation; et l'on s'empressa d'en informer son père et sa mère, qui arrivèrent aussitôt. L'abbé Leseur les reconnut à peine. De temps en temps, seulement, la vue de sa mère le ramenait à la connaissance. Dans un moment où il venait d'enlever les compresses que les médecins avaient prescrites sur le front, voyant sa mère qui les lui remettait : « Oh! maman, pardon de vous avoir désobéi! je vous ai fait de la peine, pardon! »

Avec le père et la mère de l'abbé

Leseur, il y avait encore, à son chevet, un jeune homme qui avait été infirmier militaire et qu'il avait fait demander pour recevoir ses soins : dans ses intervalles de lucidité, il lui témoignait avec effusion toute sa reconnaissance. C'était un rhumatisme cérébral qui le précipitait si douloureusement vers la mort. Pendant les cinq derniers jours, les crises persistèrent avec une violence opiniâtre. On put confesser le malade cependant; et, le samedi 9 avril, après avoir reçu l'Extrême-Onction, Henri Leseur rendait son âme à Dieu, un mois et quatorze jours avant sa vingt-huitième année accomplie.

Pour le séminaire, comme pour le catéchisme, cette maladie et cette mort furent des coups de foudre. Pendant les derniers jours, c'étaient des prières incessantes qui s'élevaient vers Dieu pour demander la guérison du cher malade. On n'aurait pas prié avec plus de ferveur pour un frère ou pour un ami le plus tendrement aimé. A sa mort, ce fut vraiment un deuil de famille : on pleura sur lui!

Avant le transport de son corps à Sézanne, il y eut, le lundi suivant, dans la chapelle du séminaire, un service funèbre auquel assistaient, en même temps que les séminaristes, la famille, des amis, et une grande partie des enfants du catéchisme dont M. l'abbé Leseur avait été le chef. Son cercueil était couvert de couronnes, et l'on remarquait, entre autres, celle qui avait été apportée par les enfants de la première communion : une grande couronne de fleurs blanches. Après le service, les séminaristes en habit de chœur, et les enfants du catéchisme avec leurs couronnes, étaient rangés en ligne sur les quatre côtés de la grande cour carrée du séminaire ; le corps, suivi de la famille, traversa la cour, pendant que les séminaristes chantaient, comme dernier adieu, les psaumes de l'Office des défunts. Alors l'émotion que l'on avait éprouvée déjà à la chapelle, pendant le service, se renouvela parmi les assistants : les regrets et la tristesse allaient jusqu'aux larmes. Le corps s'éloigna de Saint-Sulpice, mais le souvenir demeurait dans les cœurs. L'abbé Leseur n'était pas mort tout entier pour ses maîtres ni pour ses condisciples ; et, dans le catéchisme qui l'avait eu pour chef, après sa disparition, souvent son souvenir, son nom seul suffisait pour obtenir des enfants ce que l'on désirait.

Au moment où les enfants du catéchisme sortaient du séminaire, il y avait là, à la porte, une femme du peuple qui attendait son fils. Lorsque celui-ci eut rejoint sa mère et qu'ils s'éloignaient, un prêtre de la paroisse qui se trouvait à quelques pas derrière eux entendit la mère qui disait à son fils : « La messe a été longue, et je t'ai attendu longtemps; mais c'est égal, vois-tu : c'était ton devoir, et ce bon monsieur le méritait bien. N'oublie pas, surtout, les avis qu'il vous a donnés au catéchisme : vous seriez des ingrats si vous ne pensiez plus à lui! » Ce témoignage populaire et tout spontané venait s'ajouter à beaucoup d'autres.

Le lendemain, le corps de Henri Leseur était à Sézanne, où les obsèques devaient avoir lieu. Le service y fut célébré au milieu d'un nombreux concours, et le curé-archiprêtre de la paroisse, M. l'abbé Olivier, parla du défunt dans des termes qui émurent profondément l'auditoire. Il retraça d'abord les qualités de son enfance, rappela les vertus, les succès de sa jeunesse, la piété de sa vie cléricale; et il déposa sur son cercueil l'expression des regrets et de la condoléance de tous.

« Adorons les desseins de Dieu, s'écria l'orateur en terminant. Il ne nous est pas défendu de répandre des larmes : le Christ a pleuré sur Lazare son ami!

Comment d'ailleurs ne pas s'attendrir sur une tombe où vont être ensevelies tant d'espérances! Et cependant, en face de cette grande douleur, relevée par la résignation, laissez-moi vous rappeler la suprême consolation. Il est au ciel, celui que nous pleurons! Il est au ciel, où ses bonnes œuvres l'ont précédé. Il est au ciel, pour y continuer, par la prière, l'apostolat qu'il avait commencé sur la terre; et, s'il ne lui a pas été permis de franchir ici-bas le dernier degré du sanctuaire, pour y offrir sur l'autel la divine Victime, nous pouvons le croire, là-haut, il s'offre à Dieu pour la paix de l'Église et le bonheur de la France! C'est ma dernière parole. Cette parole, je vous la donne à tous; mais je vous la donne plus particulièrement à vous, bon père;

à vous, tendre mère; à vous, ses frères dont il désirait si vivement le bonheur; à vous, son oncle; à vous, ses tantes qu'il aimait tant et dont il était si tendrement aimé; à vous, enfin, qui lui devrez, après Dieu, l'honneur et le bonheur de votre sacerdoce. »

Ces derniers mots s'adressaient à un jeune sous-diacre du séminaire de Châlons qui était là, et qui semblait faire partie de la famille. C'était le clerc de notaire dont l'amitié et la générosité de l'abbé Leseur avaient fait un clerc de la sainte Église de Dieu, et qui pleurait, auprès de lui, les larmes du plus profond regret et de la plus affectueuse reconnaissance.

Après le discours de M. l'archiprêtre, le long cortége, dit le *Courrier de Sé-*

zanne, suivit le cercueil jusqu'au cimetière de la paroisse; et la famille recevait
de chacun les témoignages d'une respec-
tueuse sympathie.

Par sa naissance à Sézanne, M. l'abbé
Leseur appartenait régulièrement au
diocèse de Châlons. A l'annonce de sa
mort, Mgr Maignan fit exprimer à M. le
Supérieur général de Saint-Sulpice le
regret personnel qu'il en ressentait.
« Cette mort, ajoutait Sa Grandeur, est
une perte pour le diocèse, qui fondait sur
lui de grandes espérances. »

Cinq jours après la mort du jeune
diacre, le 14 avril, voici ce qu'un médecin de Château-Landon, M. le docteur
Denizet, écrivait à un directeur du séminaire de Saint-Sulpice :

« Vous ne sauriez croire, cher mon-

sieur, quelle explosion de regrets a sou-
levée ici la terrible nouvelle de cette
mort : on ne voulait pas y croire, tant on
aimait ce jeune homme ! on n'avait même
pas entendu dire qu'il fût malade. Il
sut se faire ici l'ami de tous ceux qui
l'avaient vu ; tout le monde avait été con-
quis par ses excellentes manières, par sa
douceur extraordinaire, par son affabilité, par sa patience à toute épreuve ;
jusqu'aux petits enfants de l'école qu'il
visitait souvent, et qui l'aimaient comme
un bienfaiteur assez bon pour s'intéresser
à eux, à leurs jeux et à leurs travaux.

« Que vous dire encore de cet excellent
séminariste, que vous ne sachiez déjà ?
C'était surtout par sa douceur, sa simple
et franche amabilité qu'il nous avait
attirés, nous autres. Ses qualités naïves,

charmantes, faisaient penser à saint François de Sales, qui ne l'eût pas désavoué pour son disciple. Il était de ceux qui ont vraiment la vocation religieuse. Quand son père quitta son étude de notaire, il la lui offrit; le fils refusa en disant : « C'est le séminaire qu'il me faut. »

« Il était le mentor de son jeune frère : il lui donnait des conseils avec la sagesse et la gravité d'un père à l'égard de son fils. Il mettait aussi tous ses soins à condescendre aux moindres désirs de sa respectable mère. Pendant ses vacances, il allait tous les soirs, à la tombée de la nuit, faire une visite au Saint-Sacrement, à la chapelle de l'hospice tenu par les religieuses de Saint-Paul de Chartres; et comme un jour, après ses dévotions, la supérieure le priait d'entrer au parloir, pour causer avec lui, il s'en défendit en disant : « Je « m'en vais tout de suite, ma sœur; ma- « man pourrait trouver que je la prive « trop de ma présence; je dois abréger « ici, pour lui donner davantage. »

« Nous le regrettons comme un ami de la meilleure compagnie, avec lequel nous avions toujours le plus grand plai- sir à nous trouver; et nous disons tous que Saint-Sulpice a perdu en lui un de ses meilleurs élèves. C'est un grand mal- heur pour ses excellents parents, qui l'aimaient tant ! mais, pour l'Église, c'est un malheur peut-être encore plus grand. »

Maintenant donc il repose à Sézanne, sous la garde de ses tantes. Il est là, le tendre fils, le frère dévoué, le studieux collégien, le soldat chrétien, l'étudiant vertueux, le pieux séminariste, le zélé catéchiste. Comme notre doux et bien-aimé martyr, Paul Seigneret, il est là; et *il attend la résurrection des morts et la vie du siècle à venir.*

En attendant, son souvenir restera au cœur de ceux qui l'ont aimé sur la terre. Puisse-t-il demeurer aussi dans ces lignes, à la gloire de Dieu, et pour l'édification de ceux qui les liront!

FIN.

TABLE DES MATIÈRES.

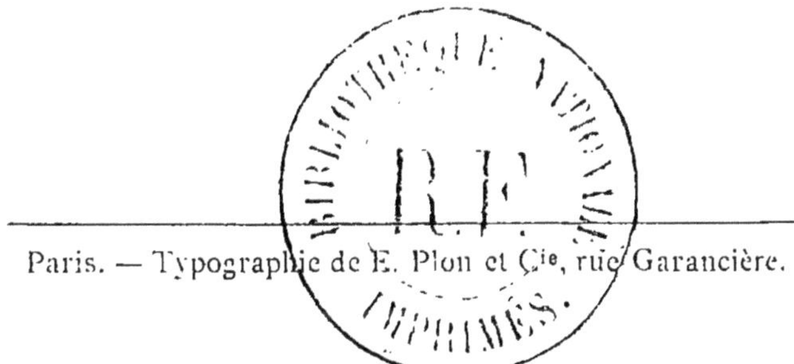

Paris. — Typographie de E. Plon et Cie, rue Garancière.